AGNES PRUS

# 24 Plätzchen für dich

## NATÜRLICH BACKEN IM ADVENT

FOTOS VON FRAUKE ANTHOLZ

Hölker Verlag

# Inhalt

# Vorwort

Alle Jahre wieder versüßen uns kleine, feine Adventsnaschereien die kalte Jahreszeit. An einem Winternachmittag bei einem Tee oder Kaffee gemeinsam am Tisch zu sitzen mit warm leuchtenden Kerzen und einem Teller köstlich duftender, selbst gebackener Plätzchen in der Mitte zaubert allen ein Lächeln auf die Lippen und wärmt die Seele.

Damit das Glück nicht nur von kurzer Dauer ist, setze ich auf natürliche Süße und wertvolle Zutaten. Zu Apfel, Nuss und Mandelkernen gesellen sich Kokosöl und Buchweizen, stärkende Haferflocken, viele wunderbar wärmende Gewürze und als Superfood bekannter roher Kakao.

Überdies sind viele der köstlichen Kleinigkeiten in diesem Buch von sich aus glutenfrei, vegan oder laktosefrei oder lassen sich ganz einfach dazu umwandeln – für jede Naschkatze ist also etwas dabei. Alle Zutaten sind im Bioladen erhältlich. Naturbelassen und voller Geschmack machen sie Lust auf die Weihnachtsbäckerei und bescheren uns sündenfreie Leckereien zum schönsten Fest des Jahres.

Viel Spaß beim Rühren, Backen und Naschen!

Agnes Prus

# Einleitung

## Die Stars und Sternchen

In meinem Gebäck spielen ursprüngliche Zutaten die Hauptrolle – Früchte, Nüsse und alte Getreidesorten stehlen Weizenmehl und Zucker die Show.

## Die Süßen

Alternativen zu raffiniertem Zucker zu verwenden ist besonders einfach. Honig und Trockenfrüchte sind mit ihrer natürlichen Süße von jeher Klassiker in der Weihnachtsbäckerei, aber auch die Karamellnote von Ahornsirup oder Kokosblütenzucker harmoniert ganz wunderbar mit winterlichen Gewürzen wie Zimt, Nelken und Kardamom. Apfelmus verleiht Gebäck eine süßsaure Note, Reissirup agiert mit seinem zarten Geschmack diskret im Hintergrund.
Auch in relativ naturbelassenen Süßungsmitteln ist der Zuckergehalt durchaus hoch, deshalb sollten auch sie nur in Maßen konsumiert werden. Aber im Gegensatz zu stark verarbeitetem Haushaltszucker lassen viele der alternativen Zuckerquellen den Blutzuckerspiegel langsamer ansteigen, sättigen dadurch länger und führen nicht so schnell zu Hyperaktivität oder Heißhungerattacken.
Außerdem enthalten Datteln, Kokosblütenzucker oder Reissirup auch reichlich Mineralstoffe, Spurenelemente, Vitamine, Ballaststoffe und weitere Nährstoffe, die dem Körper helfen, Kohlenhydrate (also auch Zucker) zu verarbeiten. Und nicht zuletzt bieten sie eine wunderbare Aromapalette: Das Gebäck schmeckt deutlich vielschichtiger als dasjenige, das allein mit weißem Zucker hergestellt worden ist.

**Kokosblütenzucker** (wie auch Kokosblütensirup) wird aus dem Nektar der Blütenknospen der Kokospalme hergestellt. Statt mit Kokosaroma besticht er durch einen feinen Karamellgeschmack und ist nahezu so süß wie Haushaltszucker. Dieser kann also problemlos 1:1 ersetzt werden. Reich an Kalium, Eisen, Magnesium und vielen anderen Nährstoffen, gilt Kokosblütenzucker als der neue Liebling unter den alternativen Süßungsmitteln.

**Ahornsirup** entsteht durch Einkochen des süßen Pflanzensafts von Ahornbäumen. Je nach Intensität der Reduktion teilt man den Sirup in die Klassen A, B und C

ein. Sie unterscheiden sich in Geschmack, Farbe und Zuckergehalt: Die milderen, helleren Produkte (Grad A) eignen sich zum direkten Beträufeln von Speisen, während beim Backen die geschmacklich intensiveren Sorten (Grad B und C) gut eingesetzt werden können. Hochwertiger Ahornsirup enthält Zink, Mangan und natürliche Antioxidantien, die dem Immunsystem guttun. Eine Wohltat in der kalten Jahreszeit!

**Reissirup** ist eines der ältesten Süßungsmittel und hat einen dezenten Geschmack. Er ist weniger süß als normaler Haushaltszucker und eignet sich gut für Diabetiker. Er ist außerdem fruktosefrei und enthält einige wertvolle Mineralstoffe.

**Honig,** eine altbekannte Größe in der Adventszeit, verleiht etlichen weihnachtlichen Leckereien wie Lebkuchen, Pfeffernüssen und natürlich Honigkuchen die charakteristische Note. Er enthält wertvolle Mineralien, Vitamine und Enzyme, die antibakteriell und entzündungshemmend wirken können, und ersetzt in der Vollwertküche in der Regel weißen Zucker. Viele seiner Nährstoffe werden allerdings durch Erhitzen zerstört, da ist auch das Backen keine Ausnahme. Doch auch dann enthält Honig noch einige Mineralstoffe und Spurenelemente und sorgt darüber hinaus durch seine feuchtigkeitsbindende Wirkung dafür, dass unsere kleinen Köstlichkeiten schön saftig und geschmacksintensiv bleiben.

## Die Flöckchen und Weißröckchen

**Haferflocken** glänzen durch ihren hohen Gehalt an Eisen, Magnesium, Vitaminen und Spurenelementen, können sich durch ihren hohen Ballaststoffanteil positiv auf den Cholesterinspiegel auswirken und sind außerordentlich nahrhaft.
Muss man aufgrund einer Zöliakie strikt auf Gluten verzichten, sollte man darauf achten, dass das Produkt als glutenfrei ausgewiesen ist. Andernfalls ist es wahrscheinlich, dass der Hafer bei der Weiterverarbeitung durch Gluten kontaminiert worden ist.

**Buchweizenmehl** harmoniert durch seinen nussigen, kräftigen Geschmack hervorragend mit weihnachtlichen Gewürzen und Kakao. Das glutenfreie Pseudogetreide steckt voller Eiweiß und gilt als blutzucker- und blutdrucksenkend.

**Reismehl** enthält kein Gluten und schmeckt recht neutral, daher ist es in Kombination mit alternativen Bindemitteln wie Guarkernmehl oder Johannisbrotkernmehl ein gern genutztes Produkt in der glutenfreien Backstube. Es wird aus Vollkorn- oder weißem Reis hergestellt.

**Teffmehl** ist ein glutenfreies, äußerst nährstoffreiches Mehl mit nussigem Aroma, das gut zu Kakao passt. Es zeichnet sich besonders durch seinen hohen Gehalt an Kalzium, Eisen und Vitamin C aus.

**Kastanienmehl** wird aus Esskastanien hergestellt, schmeckt süßlich-nussig und enthält kein Gluten. Es paart sich gern mit Honig, winterlichen Gewürzen und getrockneten Feigen.

**Kokosmehl** ist das ballaststoffreichste unter allen Mehlen. Es enthält 20 % Eiweiß, relativ wenig Kohlenhydrate und ist glutenfrei. Beim Backen lässt sich zwar ¼ des Mehles durch Kokosmehl ersetzen, zu beachten ist bei der Verwendung aber, dass Kokosmehl sehr viel Flüssigkeit bindet.

**Weinstein-Backpulver** enthält im Gegensatz zu normalem Backpulver keine Phosphate, erzeugt keinen unangenehmen Nachgeschmack und ist glutenfrei.

## Die Sattmacher

**Kokosöl** wird aus Kokosfruchtfleisch gewonnen, hat bei Temperaturen bis zu 25 °C eine feste Konsistenz und wird durch Erhitzen flüssig und klar. Beim Backen kann es in den meisten Fällen die Butter ersetzen. Natives Kokosöl duftet und schmeckt mild nach Kokos. Wer das nicht mag, kann auf raffiniertes Kokosöl in Bio-Qualität zurückgreifen (nicht zu verwechseln mit industriell gefertigtem Palmfett!).
Kokosöl ist wirklich so etwas wie der gute Weihnachtswichtel der Backstube: Die in ihm enthaltene Laurinsäure bekämpft Viren und Bakterien und stärkt das Immunsystem, seine Fettsäuren können überdies die Nerven schützen und sind eine Wohltat für die Haut. Es kann den Cholesterinspiegel positiv beeinflussen und regt die Tätigkeit der Schilddrüse an, was zur Gewichtsabnahme beitragen kann.

**Nüsse und Kerne** sind wahre Nährstoffpakete und in der Winterzeit, wenn sie noch frisch und süß sind, am köstlichsten. Von den heimischen Sorten stechen Walnüsse besonders durch ihren enorm hohen Gehalt an Omega-3-Fettsäuren und Vitaminen hervor, während Haselnüsse über reichlich Eiweiß, Kalium und Magnesium verfügen. Mandeln, Cashewkerne und Pekannüsse liefern ebenfalls viele wertvolle Inhaltsstoffe, z.B. Vitamin B und E, Kalium und Magnesium.
Nüsse und Kerne machen Gebäck schön saftig. Damit die wertvollen Inhaltsstoffe erhalten bleiben, empfiehlt es sich, sie stets frisch zu mahlen.
Das Rösten von Nüssen verstärkt ihren wunderbaren Geschmack und reduziert die in ihnen enthaltene Phytinsäure. Sie steckt in den Randschichten der Kerne

und erschwert die Aufnahme wertvoller Mineralstoffe wie Magnesium.

## Noch ein paar Tipps zum Backen

- Gluten ist das in Mehlen vorkommende Klebereiweiß. Es sorgt dafür, dass ein Teig zusammenhält und elastisch ist. Damit Gebäck nicht brüchig wird, ist beim Backen mit glutenfreien Mehlen der Zusatz pflanzlicher Bindemittel nötig. Dazu zählen Johannisbrotkernmehl, Pfeilwurzelstärke, Guarkernmehl und Agar-Agar. Bei der Dosierung sollte man sich genau an die Angaben im Rezept halten, da sonst die Konsistenz des Teiges ungünstig beeinflusst werden könnte.
- Viele der Plätzchen aus vollwertigen Mehlen schmecken besser, wenn man den Teig 2 Std. oder sogar über Nacht ruhen lässt. Dadurch verteilt sich die Feuchtigkeit gründlicher, der Teig lässt sich leichter verarbeiten und backt gleichmäßiger.
- Zum Ausrollen kann die Arbeitsfläche mit dem jeweils im Rezept angegebenen Mehl bestäubt werden. Alternativ lassen sich alle Teige auch zwischen zwei Lagen Frischhaltefolie, viele auch zwischen Backpapier ausrollen. Zum Verarbeiten sollte man kleine Mengen nehmen und den Rest im Kühlschrank aufbewahren, das verhindert, dass der Teig zu klebrig wird.
- Glutenfreies Gebäck sollte man nach dem Backen vollständig auskühlen lassen, es gewinnt dadurch an Stabilität – also erstmal nicht erschrecken, wenn die Plätzchen im heißen Zustand auseinanderzubrechen drohen.
- Manchen Plätzchen tut es gut, nach dem Backen über Nacht durchziehen zu können, dann kommen die Gewürze besser zur Geltung. Das gilt z.B. für die Aprikosen-Pekannuss-Lebkuchen oder das Panforte. Es gibt allerdings auch Ausnahmen, die Apfel-Chai-Kringel z.B. schmecken frisch am allerbesten.
- Zum Bestäuben eignen sich Reissüße, Birkenzucker oder, als zuckerfreie Alternative, Kokosmehl.

(optional) vegan

(optional) laktosefrei

(optional) glutenfrei

# Paranuss-Kokos-Doppeldecker

FÜR CA. 16 STÜCK

**FÜR DEN TEIG:**
50 G KOKOSMEHL + ETWAS EXTRA
150 G PARANUSSKERNE
¼ TL WEINSTEIN-BACKPULVER
½ TL SALZ
100 G DATTELSÜSSE
85 G ZIMMERWARME BUTTER (ALTERNATIV KOKOSÖL)
MARK VON 1 VANILLESCHOTE
1 EIWEISS
75 G FEIN GEHACKTE PARANUSSKERNE

**FÜR DIE FÜLLUNG:**
100 G MEDJOOL-DATTELN, ENTSTEINT
1 EL MANDELMUS
1 TL ZIMMERWARMES KOKOSÖL
½ TL ZIMT
ABRIEB VON 1 BIO-ORANGE
1 TL ROHES KAKAOPULVER

**1.** Für den Teig das Kokosmehl mit den Paranusskernen, dem Backpulver, dem Salz und der Dattelsüße in einem Blitzhacker zerkleinern, bis die Nüsse fein gemahlen sind. Anschließend die Butter, die Vanille und das Eiweiß zufügen und pulsierend mixen, bis alle Zutaten gut miteinander vermengt sind. Den Teig in Frischhaltefolie einwickeln und mind. 2 Std. kalt stellen. Den Backofen auf 165 °C vorheizen.

**2.** Den Teig auf einer leicht bemehlten Arbeitsfläche ca. 5 mm dick ausrollen. Kreise (ø 4 cm) ausstechen. Jeden zweiten mit gehackten Nüssen bestreuen und diese behutsam festdrücken. Die Kekse auf ein mit Backpapier belegtes Backblech legen und in ca. 9 Min. goldbraun backen. Auf einem Kuchengitter abkühlen lassen.

**3.** Für die Füllung alle Zutaten im Blitzhacker zu einer Paste verarbeiten. Die abgekühlten, unbestreuten Kekse damit bestreichen und einen garnierten Keks daraufsetzen.

**TIPP:** KLEINE STERNE AUS DEN KEKSEN AUSSTECHEN UND ZUM GARNIEREN VERWENDEN. DIE KEKSE KÖNNEN NACH BELIEBEN NOCH MIT KOKOSMEHL BESTÄUBT WERDEN.

1

2

# Mini-Apfel-Chai-Kringel

FÜR CA. 24 STÜCK

**FÜR DEN TEIG:**
50 ML MANDELMILCH
3 TEEBEUTEL CHAI
150 G DINKELVOLLKORNMEHL + ETWAS EXTRA
½ TL ZIMT
¼ TL INGWERPULVER
25 ML AHORNSIRUP
1 TL TROCKENHEFE
1 EL ZERLASSENE BUTTER (ALTERNATIV KOKOSÖL)
50 G APFELMUS
¼ TL SALZ

**FÜR DIE FÜLLUNG:**
15 G KOKOSBLÜTENZUCKER
½ TL ZIMT
¼ TL INGWERPULVER
1 EL ZERLASSENE BUTTER (ALTERNATIV KOKOSÖL)
80 G APFELMUS

**AUSSERDEM:**
1 EIGELB, VERQUIRLT (OPTIONAL)

**1.** Für den Teig die Mandelmilch in einem Topf erhitzen. Den Topf vom Herd nehmen, die Teebeutel hineingeben und 10 Min. darin ziehen lassen. Dann herausnehmen und die Milch auf Zimmertemperatur abkühlen lassen.

**2.** Das Mehl mit den Gewürzen, Ahornsirup und Hefe mischen. Butter, Apfelmus, Salz und Chai-Milch zugeben und alles für einige Min. zu einem weichen Teig verkneten. Abgedeckt an einem warmen Ort ca. 1 Std., oder bis sich das Volumen verdoppelt hat, gehen lassen. Für die Füllung Zucker und Gewürze vermischen.

**3.** Den Teig erneut kurz durchkneten und auf der bemehlten Arbeitsfläche ca. 5 mm dick zu einem Rechteck (20 × 35 cm) ausrollen. Mit der zerlassenen Butter bestreichen, das Apfelmus darauf verteilen und den Gewürzzucker darüberstreuen. Eine Längsseite des belegten Teiges um ein Drittel einklappen. Die zweite Längsseite darüberschlagen. Nun zu 2 cm breiten Streifen schneiden. Jeweils zwei Streifen in sich verdrehen und zu Kringeln zusammenlegen. Mit genügend Abstand zueinander auf zwei mit Backpapier belegte Bleche geben. Weitere 30 Min. abgedeckt gehen lassen.

**4.** Den Backofen auf 175 °C vorheizen. Die Kringel nach Belieben mit Eigelb bestreichen und nacheinander in ca. 13 Min. goldbraun backen.

3

# Kleines Panforte

FÜR 1 KLEINEN KUCHEN (Ø 20 CM) ZUM VERSCHENKEN
ODER VIELE DÜNNE SCHEIBEN ZUM SELBSTGENIESSEN

70 G HASELNUSSKERNE
50 G MANDELN
70 G BUCHWEIZENMEHL
1 EL ROHES KAKAOPULVER
1 TL ZIMT
1 PRISE GEMAHLENE NELKEN
1 PRISE CHILIPULVER
1 PRISE FRISCH GERIEBENE MUSKATNUSS
¼ TL INGWERPULVER

1 EL KOKOSÖL
60 G KOKOSBLÜTENZUCKER
90 G HONIG
1 EL BIO-ORANGENABRIEB
100 G GETROCKNETE FEIGEN, GROB GEHACKT
1 EL GOJI-BEEREN NACH BELIEBEN, GROB GEHACKT

**AUSSERDEM:**
REISSÜSSE ZUM BESTÄUBEN

**1.** Den Backofen auf 180 °C vorheizen. Die Haselnüsse und die Mandeln getrennt voneinander auf einem Backblech verteilen und ca. 5 Min. rösten. Herausnehmen und die Backofentemperatur auf 150 °C reduzieren. Die Haselnüsse in ein Küchentuch wickeln, die Haut abreiben und die Nüsse abkühlen lassen.

**2.** In einer Schüssel das Mehl mit dem Kakao und den Gewürzen mischen. Das Kokosöl mit dem Zucker und dem Honig in einem Topf erwärmen und verrühren. Orangenabrieb zugeben. Die Masse zur Mehlmischung gießen und alles gründlich vermengen. Feigen, Goji-Beeren und die gerösteten Haselnüsse und Mandeln unterrühren.

**3.** Den Teig in eine mit Backpapier ausgelegte Springform (ø 20 cm) füllen und ca. 40 Min. im Ofen backen. Herausnehmen und mit Reissüße bestäuben. Vollständig auskühlen lassen und in kleine Dreiecke schneiden.

**TIPP:** PANFORTE KANN MAN LUFTDICHT VERPACKT EINIGE WOCHEN AUFBEWAHREN. DER HONIGGESCHMACK IST ZWAR CHARAKTERISTISCH FÜR PANFORTE, ABER EINE VEGANE VARIANTE MIT AHORN- ODER KOKOSBLÜTENSIRUP IST AUCH SEHR LECKER.

# Pflaumen-Walnuss-Rauten

FÜR CA. 24 STÜCK

**FÜR DEN BODEN:**
1 EL CHIASAMEN
70 G WALNUSSKERNE
70 G CASHEWKERNE
100 G HAFERFLOCKEN (GGF. GLUTENFREI)
40 G APFELMUS
1½ EL KOKOSBLÜTENSIRUP
1 EL KOKOSÖL
MARK VON ½ VANILLESCHOTE
1 PRISE SALZ
½ TL WEINSTEIN-BACKPULVER

**FÜR DEN BELAG:**
80 G TROCKENPFLAUMEN, GROB GEHACKT
70 G GETROCKNETE FEIGEN, GROB GEHACKT
1 TL ZIMT
¼ TL INGWERPULVER
60 G APFELMUS
ABRIEB VON ½ BIO-ORANGE

**AUSSERDEM:**
CA. 24 WALNUSSKERNHÄLFTEN

**1.** Die Chiasamen mit 2 EL Wasser verrühren und mind. 15 Min. quellen lassen, bis sie gelieren. Den Backofen auf 180 °C vorheizen.

**2.** Die Walnuss- und Cashewkerne auf einem Backblech verteilen und 5–8 Min. im Ofen rösten. Herausnehmen und abkühlen lassen, den Ofen nicht ausschalten. Die Hälfte der Haferflocken in einem Blitzhacker grob mahlen. Die Nüsse zugeben und alles feinkrümelig mixen. Chiasamen, Apfelmus, Kokosblütensirup, Kokosöl und Vanille zugeben und erneut mixen.

**3.** Die restlichen Haferflocken in einer Schüssel mit Salz und Backpulver vermischen. Die Hafer-Nuss-Masse zugeben und alles gründlich vermengen. Eine Backform (20 × 30 cm) mit Backpapier auskleiden und den Teig mit angefeuchteten Händen hineindrücken.

**4.** Für den Belag alle Zutaten in den Blitzhacker geben und pürieren. Auf den Teigboden geben und glatt verstreichen. Gleichmäßig mit den Walnusshälften belegen.

**5.** Im Ofen ca. 25 Min. backen. Vollständig auskühlen lassen und in Rauten schneiden.

4

# Zimt-Haselnuss-Sterne

FÜR CA. 40 STÜCK

250 G HASELNUSSKERNE
60 G KOKOSBLÜTENZUCKER
2½ TL ZIMT
1 EIWEISS
2 EL AHORNSIRUP

**AUSSERDEM:**
PUDERZUCKER AUS ROHROHRZUCKER ZUM BESTÄUBEN

**1.** Den Backofen auf 190 °C vorheizen. Die Haselnüsse auf einem Backblech verteilen und ca. 5 Min. rösten. Aus dem Ofen nehmen, in ein Küchentuch einschlagen und die braune Haut abreiben, die Kerne abkühlen lassen und die Backofentemperatur auf 150 °C reduzieren.

**2.** Die Nüsse fein mahlen und mit den restlichen Zutaten rasch zu einem homogenen Teig verrühren. Zwischen zwei Lagen Frischhaltefolie ca. 8 mm dick ausrollen. Kleine Sterne ausstechen und auf zwei mit Backpapier belegten Backblechen nacheinander ca. 10 Min. im Ofen backen. Abkühlen lassen und mit Puderzucker bestäuben.

**TIPP:** MAN KANN DIE STERNE VOR DEM BACKEN MIT HASELNÜSSEN GARNIEREN ODER AUCH MIT BAISERMASSE BESTREICHEN. DAFÜR 1 EIWEISS STEIF SCHLAGEN UND NACH UND NACH 30 G PUDERZUCKER AUS ROHROHRZUCKER EINRIESELN LASSEN. DIE PLÄTZCHEN DAMIT BESTREICHEN UND WIE BESCHRIEBEN BACKEN. DIREKT NACH DEM BACKEN IST DIE BAISERSCHICHT NOCH ETWAS WEICH, SIE WIRD ABER NACH DEM ABKÜHLEN SCHÖN MÜRBE.

5

# Nusskküsschen mit Cranberrys

**FÜR CA. 25 STÜCK**

100 G GETROCKNETE CRANBERRYS
60 G HASELNUSSKERNE + CA. 25 STÜCK EXTRA ZUM FÜLLEN
80 G REISMEHL
20 G TEFFMEHL
1½ EL ROHES KAKAOPULVER
70 G KOKOSBLÜTENZUCKER
1 PRISE SALZ
½ TL ZIMT
75 G KALTE BUTTER, GEWÜRFELT
1 KLEINES EIWEISS

**AUSSERDEM:**
KOKOSMEHL ODER KAKAOPULVER NACH BELIEBEN

**1.** Den Backofen auf 190 °C vorheizen. Die Cranberrys im Blitzhacker fein hacken. Alle Haselnusskerne auf einem Backblech verteilen und ca. 5 Min. rösten. Herausnehmen, in ein Tuch wickeln und die braune Haut so gut wie möglich abreiben. Die Nüsse vollständig abkühlen lassen. Anschließend 60 g fein mahlen und gründlich mit den Cranberrys, den Mehlen, dem Kakao, dem Zucker, dem Salz und dem Zimt vermischen. Zügig zuerst die Butter, dann das Eiweiß mit den Quirlen des Handrührgeräts einarbeiten, den Teig in Frischhaltefolie wickeln und über Nacht kalt stellen.

**2.** Den Backofen auf 160 °C vorheizen. Mit einem Teelöffel eine kleine Menge Teig abstechen und eine Kugel formen. Einen Haselnusskern hineindrücken und die Kugel verschließen, dabei eine Spitze formen. Auf ein mit Backpapier belegtes Backblech setzen und die Küsschen ca. 12 Min. im Ofen backen. Herausnehmen und vollständig abkühlen lassen. Nach Belieben in Kokosmehl oder Kakaopulver wenden.

6

7

# Pekan-Cranberry-Cookies

**FÜR CA. 14 STÜCK**

- 40 G BUCHWEIZENMEHL
- 40 G MAISGRIESS (POLENTA)
- ½ TL NATRON
- 1 PRISE SALZ
- ½ TL AGAR-AGAR
- 75 G PEKANNUSSKERNE, FEIN GEHACKT
- 50 G GETROCKNETE CRANBERRYS
- 40 G MEDJOOL-DATTELN, ENTSTEINT, GEHACKT
- 50 G KERNIGE HAFERFLOCKEN (GGF. GLUTENFREI)
- 1 EI
- 60 G KOKOSBLÜTENZUCKER
- 60 G ZERLASSENE BUTTER (ALTERNATIV KOKOSÖL)

**1.** In einer Schale das Mehl mit dem Maisgrieß, Natron, Salz und Agar-Agar mischen. In einer weiteren Schale 50 g Pekannusskerne, Cranberrys, Datteln und Haferflocken mischen. Ei und Zucker in einer Rührschüssel schaumig schlagen, bis sich der Zucker aufgelöst hat. Dann die Butter unterrühren. Mit einem Kochlöffel zunächst die Mehlmischung unterheben. Dabei nicht allzu viel rühren. Anschließend die Nussmischung zugeben. Alles vermengen und den Teig abgedeckt für 2 Std. oder über Nacht kalt stellen.

**2.** Den Backofen auf 175 °C vorheizen. Mit einem Teelöffel etwas Teig abstechen und zu walnussgroßen Kugeln formen. Behutsam in den übrigen gehackten Nüssen wenden, auf ein mit Backpapier belegtes Blech setzen. Dabei zwischen den Cookies ausreichend Platz lassen.

**3.** In ca. 8 Min. im Ofen goldbraun backen. Herausnehmen und auf dem Blech abkühlen lassen. Die Cookies schmecken am besten, wenn sie über Nacht ruhen durften.

# Florentiner-Eckchen

FÜR CA. 24 STÜCK

**FÜR DEN TEIG:**
25 G SONNENBLUMENKERNE
80 G BUCHWEIZEN- ODER DINKELVOLLKORNMEHL
ABRIEB VON ½ BIO-ORANGE
ABRIEB VON 1 BIO-ZITRONE
1 PRISE SALZ
3 EL BUTTER (ALTERNATIV KOKOSÖL)
2 EL AHORNSIRUP
1 EL KALTES WASSER

**FÜR DEN BELAG:**
70 G KOKOSBLÜTEN- ODER VOLLROHRZUCKER
2 EL REISSIRUP (ALTERNATIV AHORNSIRUP)
2 EL KOKOSMILCH
80 G MANDELBLÄTTCHEN + 2 EL EXTRA ZUM BESTREUEN
3 EL GETROCKNETE CRANBERRYS, FEIN GEHACKT
50 G ZARTBITTERSCHOKOLADE NACH BELIEBEN

**1.** Für den Teig die Sonnenblumenkerne in einer kleinen Pfanne ohne Fett rösten. Vollständig abkühlen lassen und im Blitzhacker fein mahlen. Die Kerne mit Mehl, Orangen- und Zitronenabrieb sowie Salz mischen. Die Butter zufügen und mit den Fingerspitzen alles zügig zu einem krümeligen Teig verarbeiten. Dann Ahornsirup und Wasser einarbeiten. Den Teig in Frischhaltefolie wickeln und für mind. 2 Std. kalt stellen.

**2.** Den Backofen auf 175 °C vorheizen. Den Teig kurz geschmeidig kneten und zwischen zwei Lagen Frischhaltefolie 2–3 mm dick ausrollen. Auf ein mit Backpapier belegtes Backblech legen.

**3.** Für den Belag Zucker und Reissirup in einem kleinen Topf bei mittlerer Hitze unter Rühren schmelzen. Zuerst die Kokosmilch und anschließend die Mandelblättchen einrühren. Die Karamellmasse gleichmäßig auf dem Teig verstreichen. Mit den übrigen Mandelblättchen und den Cranberrys bestreuen. In ca. 15 Min. im Ofen goldbraun backen. Vollständig abkühlen lassen und in Dreiecke von ca. 5 cm Seitenlänge schneiden. Die Zartbitterschokolade über dem heißen Wasserbad zerlassen und die Florentiner nach Belieben verzieren.

8

9

# Schoko-Kirsch-Trüffel

FÜR 12 STÜCK

65 G MEDJOOL-DATTELN (3–4 ST.), ENTSTEINT
20 G GETROCKNETE SAUERKIRSCHEN
25 G PEKANNUSSKERNE
1 EL ROHES KAKAOPULVER
1 PRISE ZIMT
1 EL ZIMMERWARMES KOKOSÖL

**AUSSERDEM:**
ROHES KAKAOPULVER ODER ROTE-BETE-PULVER ZUM BESTÄUBEN

**1.** Die Datteln im Blitzhacker zu einer karamellartigen Masse pürieren. Herausnehmen und die Sauerkirschen im Blitzhacker fein hacken. Die Pekannusskerne zugeben und ebenfalls zerkleinern. Die Datteln mit den restlichen Zutaten zufügen und alles gut vermengen. Die Trüffelmasse in den Handflächen zu zwölf kleinen Kugeln formen und abgedeckt kalt stellen. Die abgekühlten Kugeln mit rohem Kakaopulver oder mit Rote-Bete-Pulver bestäuben. Im Kühlschrank aufbewahren.

**TIPP:** NACH BELIEBEN KANN MAN 1 EL KAKAONIBS UNTER DIE MASSE MISCHEN.

# Baumkuchenspitzen

FÜR CA. 45 STÜCK

**FÜR DEN TEIG:**
2 KARDAMOMKAPSELN, SAMEN AUSGELÖST
60 G PISTAZIENKERNE
3 EIER, GETRENNT
1 PRISE SALZ
125 G KOKOSBLÜTENZUCKER
125 G ZERLASSENES KOKOSÖL
30 G DINKELMEHL
30 G MAISSTÄRKE

**FÜR DIE GLASUR:**
150 G APRIKOSENKONFITÜRE (MIND. 70 % FRUCHTANTEIL)
250 G ZARTBITTERSCHOKOLADE (MIT KOKOS-BLÜTENZUCKER GESÜSST), GROB GEHACKT
WEISSE BIO-KUVERTÜRE NACH BELIEBEN (OPTIONAL LAKTOSEFREI)

**1.** Den Backofengrill vorheizen und den Boden einer Springform (ø 24 cm) mit Backpapier auslegen. Für den Teig die Kardamomsamen und Pistazien im Mörser fein zerstoßen. Die Eiweiße mit dem Salz steif schlagen und kalt stellen. Eigelbe und Zucker hellcremig aufschlagen, bis sich der Zucker aufgelöst hat. Das Kokosöl zugießen und unterrühren. Dinkelmehl und Maisstärke auf die Eimasse sieben und alles zügig verrühren. Zum Schluss den Eischnee portionsweise unterheben.

**2.** 3 EL Teig auf dem Boden der Form verteilen und im Ofen in 2–3 Min. goldbraun backen. Die gebackene Schicht wieder mit ca. 3 EL Teig bestreichen und erneut backen. Fortfahren, bis der Teig aufgebraucht ist.

**3.** Den Baumkuchen abkühlen lassen. Aus der Form lösen, auf ein Kuchengitter stürzen und das Backpapier abziehen. In gleichmäßige Dreiecke von ca. 4 cm Seitenlänge schneiden. Die Aprikosenkonfitüre in einem kleinen Topf erhitzen und durch ein Sieb streichen. Die Dreiecke damit rundherum bepinseln.

**4.** Zwei Drittel der Schokolade über dem heißen Wasserbad schmelzen. Vom Herd nehmen, die übrige Schokolade unterrühren und darin schmelzen lassen. Die Baumkuchenspitzen in die Kuvertüre tauchen und auf einem Kuchengitter abtropfen lassen. Nach Belieben mit geschmolzener weißer Kuvertüre garnieren.

10

# Feigen-Täschchen

FÜR CA. 12 STÜCK

**FÜR DEN TEIG:**
50 G KERNIGE HAFERFLOCKEN (GGF. GLUTENFREI)
50 G BUCHWEIZENMEHL
25 G KOKOSBLÜTENZUCKER
¼ TL NATRON
1 PRISE SALZ
1 TL ZIMT
1 EI (ALTERNATIV 1 EL CHIASAMEN, FÜR MIND. 15 MIN. IN 3 EL WASSER EINGEWEICHT)
1 EL AHORNSIRUP
50 G ZIMMERWARMES KOKOSÖL

**FÜR DIE FÜLLUNG:**
3 TEEBEUTEL EARL GREY
150 G GETROCKNETE FEIGEN, GROB GEHACKT
½ VANILLESCHOTE
ABRIEB UND SAFT VON ½ BIO-ORANGE
ABRIEB VON ½ BIO-ZITRONE
1 PRISE SALZ

**AUSSERDEM:**
KOKOSMEHL ZUM BESTÄUBEN

**1.** Für den Teig die Haferflocken im Blitzhacker oder im Standmixer fein mahlen. In einer Schüssel mit Buchweizenmehl, Zucker, Natron, Salz und Zimt gründlich mischen. Alle weiteren Zutaten zugeben und zu einem geschmeidigen Teig verarbeiten. In Frischhaltefolie wickeln und kalt stellen.

**2.** Für die Füllung die Teebeutel in einem Topf mit 150 ml kochendem Wasser übergießen und 15 Min. ziehen lassen. Die Teebeutel entfernen. Die Vanilleschote längs aufschneiden, das Mark auskratzen und beides mit den übrigen Zutaten in den Topf geben. Bei mittlerer Hitze köcheln lassen, bis die Feigen weich sind. Etwas abkühlen lassen, die Vanilleschote entfernen und den Rest mit dem Stabmixer zu einer klebrigen Masse pürieren.

**3.** Den Backofen auf 175 °C vorheizen. Den Teig auf einer leicht bemehlten Arbeitsfläche zu einem Rechteck (12 × 28 cm) ausrollen. Die Füllung längs auf dem mittleren Drittel verstreichen. Zunächst die eine Seite über die Füllung schlagen, dann die andere, sodass sie etwas überlappen. Das Rechteck in ca. 12 Stücke schneiden und auf ein mit Backpapier ausgelegtes Blech setzen. Im Ofen ca. 16 Min. backen. Abkühlen lassen und mit Kokosmehl bestäuben.

**TIPP:** DER EARL-GREY-TEE KANN DURCH ROTBUSCH-TEE ERSETZT WERDEN, AM BESTEN MIT NATÜRLICHEM BERGAMOTTE- ODER VANILLEAROMA.

11

12

# Weiße Marzipan-Pralinen

FÜR CA. 14 STÜCK

50 G WALNUSSKERNE
1 EL AHORNSIRUP
125 G HONIG-MARZIPAN
3–4 EL GETROCKNETE CRANBERRYS, FEIN GEHACKT
ABRIEB VON ½ BIO-ORANGE
1 EL CRANBERRY- ODER ORANGENSAFT
200 G WEISSE BIO-KUVERTÜRE (OPTIONAL LAKTOSEFREI), GROB GEHACKT
PISTAZIENKERNE NACH BELIEBEN

**1.** Den Backofen auf 200 °C vorheizen. Die Walnusskerne auf einem mit Backpapier belegten Backblech verteilen und mit dem Ahornsirup beträufeln. Behutsam wenden, sodass die Nüsse gleichmäßig mit Sirup überzogen sind. Im heißen Ofen ca. 5 Min. karamellisieren lassen. Herausnehmen und gut abkühlen lassen. Mit einem schweren Messer fein hacken und in eine Schüssel füllen. Marzipan reiben und mit 2 EL Cranberrys, Orangenabrieb und Saft zufügen. Alles gut vermischen.

**2.** Aus der Masse kleine Kugeln formen. Zwei Drittel der Kuvertüre über dem heißen Wasserbad schmelzen. Vom Herd nehmen, die restliche Kuvertüre zugeben und unter Rühren ebenfalls darin schmelzen. Die Pralinen in der Kuvertüre wenden, auf ein Gitter setzen und mit den restlichen Cranberrys und nach Belieben mit Pistazien verzieren.

**TIPP:** DER ORANGENSAFT KANN DURCH ORANGENLIKÖR ERSETZT WERDEN.

# Aprikosen-Pekannuss-Lebkuchen

FÜR CA. 20 STÜCK

200 G PEKANNUSSKERNE + CA. 20 PEKANNUSS-HÄLFTEN ZUM VERZIEREN
1 TL ZIMT
1 TL LEBKUCHENGEWÜRZ
2 EIER
40 G DATTELSÜSSE
6 EL HONIG
100 G GETROCKNETE APRIKOSEN, FEIN GEHACKT
2 EL AMARANTH-POPS NACH BELIEBEN

**1.** Die Pekannusskerne mit Zimt und Lebkuchengewürz in einen Blitzhacker geben und fein mahlen. In einer Schüssel die Eier mit der Dattelsüße und dem Honig verquirlen. Das Pekannussmehl, die Aprikosen und nach Belieben die Amaranth-Pops zugeben und alles gründlich vermischen. Abdecken und für mind. 2 Std. kalt stellen.

**2.** Den Backofen auf 160 °C vorheizen. Aus dem Teig kleine Kugeln (ø ca. 3,5 cm) formen. Auf ein mit Backpapier belegtes Blech setzen, etwas flach drücken und nach Belieben eine Pekannusshälfte in die Mitte setzen. Ca. 15 Min. im Ofen backen und auf einem Kuchengitter abkühlen lassen. Die Lebkuchen schmecken frisch gebacken schon gut, aber nach 1–2 Tagen noch viel besser.

**TIPP:** FÜR KLEINE LEBKUCHEN-SCHNEEBÄLLE FORMT MAN AUS DEM TEIG KLEINE KUGELN UND WENDET SIE VOR DEM BACKEN IN AMARANTH-POPS.

# 13

14

# Beeren-Crumble-Schnittchen

**FÜR CA. 12 STÜCK**

120 G MANDELN
1 EL AHORNSIRUP
150 G KERNIGE HAFERFLOCKEN (GGF. GLUTENFREI)
80 G BUCHWEIZENMEHL
70 G REISVOLLKORNMEHL
140 G KOKOSBLÜTENZUCKER
(ALTERNATIV 120 G VOLLROHRZUCKER)
1 PRISE SALZ
100 G ZERLASSENE BUTTER (ALTERNATIV KOKOSÖL)
50 G ZERLASSENE KAKAOBUTTER
50 G HONIG-MARZIPAN (ALTERNATIV MARZIPAN),
IN KLEINEN STÜCKEN
250 G GEMISCHTE BEEREN (TK)
1 TL ZIMT

**1.** Den Backofen auf 175 °C vorheizen. Die Mandeln mit dem Ahornsirup mischen und auf einem mit Backpapier belegten Backblech verteilen. In 5–8 Min. im Ofen karamellisieren. Etwas abkühlen lassen und grob hacken. Den Backofen nicht ausschalten.

**2.** In einer Schüssel die Haferflocken, Buchweizen- und Reismehl, Zucker und Salz vermischen. Butter oder Kokosöl und Kakaobutter zugeben und alles gründlich verrühren. 4 EL der Masse zum späteren Bestreuen abnehmen und in einem Schälchen grob mit dem Marzipan vermischen, beiseitestellen. Die Beeren unaufgetaut mit dem Zimt vermengen und ebenfalls beiseitestellen.

**3.** Eine Backform (20 × 30 cm) mit Backpapier auskleiden. Die Haferflocken-Mischung mit der Rückseite eines Esslöffels auf den Boden der Form drücken. Die Beeren darauf verteilen, mit gehackten Mandeln bestreuen. Zum Schluss die Marzipan-Streusel darauf verteilen. In 25–30 Min. im Ofen goldbraun backen. Vollständig auskühlen lassen, dann in Rechtecke schneiden.

# Kleiner Kalter Hund

FÜR CA. 16 STÜCK

75 G KAKAOBUTTER, GEHACKT
8 EL KOKOSÖL + ETWAS EXTRA FÜR DIE FORM
75 G ROHES KAKAOPULVER + ETWAS EXTRA ZUM BESTÄUBEN
50 ML AHORNSIRUP
CA. 15 SPEKULATIUS (REZEPT S. S. 48)
2 EL KAKAONIBS ZUM VERZIEREN

**1.** Eine kleine Kastenform am Boden leicht einfetten und möglichst glatt mit Frischhaltefolie auslegen. Die Kakaobutter über dem heißen Wasserbad langsam schmelzen. Das Kokosöl zugeben und unter Rühren in der Butter zerlassen. Vom Herd nehmen, dann Kakaopulver und Ahornsirup unterrühren. Abkühlen lassen, bis die Schokoladenmasse cremig eingedickt ist.

**2.** Spekulatius grob zerbrechen und unterheben. Die Keks-Schoko-Masse in die Form füllen und glatt streichen, mind. 6 Std., besser aber über Nacht, kalt stellen. Stürzen, die Ränder begradigen und den Kalten Hund in Würfel (2 cm) schneiden. Ein paar Kakaonibs oben in die Schokolade drücken und mit Kakaopulver bestäuben. Bis zum Servieren kalt stellen.

15

16

# Johannisbeer-Mini-Pies

FÜR CA. 20 STÜCK

40 G HASELNUSSKERNE
20 G MANDELN
80 G REISMEHL + ETWAS MEHR
20 G TEFFMEHL
1 EL ROHES KAKAOPULVER
70 G KOKOSBLÜTENZUCKER
1 PRISE SALZ
½ TL ZIMT

75 G KALTE BUTTER + ETWAS EXTRA FÜR DIE FORM, GEWÜRFELT
1 KLEINES EIWEISS
CA. 100 G SCHWARZER JOHANNISBEERAUFSTRICH (MIND. 70 % FRUCHTANTEIL)

**AUSSERDEM:**
KOKOSMEHL ZUM BESTÄUBEN

**1.** Den Backofen auf 190 °C vorheizen. Die Haselnusskerne und die Mandeln etwas getrennt voneinander auf einem Backblech verteilen und ca. 5 Min. rösten. Herausnehmen, die Haselnüsse in ein Küchentuch wickeln und die braune Haut abreiben. Vollständig abkühlen lassen. Anschließend die Nüsse und die Mandeln fein mahlen und gründlich mit den Mehlen, Kakao, Zucker, Salz und Zimt mischen. Zügig die Butter und das Eiweiß einarbeiten, den Teig in Frischhaltefolie wickeln und über Nacht kalt stellen.

**2.** Den Backofen auf 170 °C vorheizen. Den Teig auf einer leicht bemehlten Arbeitsfläche ausrollen, ca. 20 Kreise (ø 5 cm) und ebenso viele Sterne (ø 4 cm) ausstechen. Zwei Muffinbleche (oder vergleichbare Förmchen) fetten und die Teigkreise hineinsetzen, dabei einen kleinen Rand hochziehen. Mit je 1 TL Johannisbeeraufstrich füllen und einen Stern daraufsetzen.

**3.** Die Mini-Pies 13–15 Min. backen (aufpassen, dass der Aufstrich nicht zu kochen beginnt, er läuft sonst über), aus dem Ofen nehmen und vollständig abkühlen lassen. Nach Belieben mit Kokosmehl bestäuben.

# Weihnachts-Cantuccini

FÜR CA. 16 STÜCK

125 G BUCHWEIZENMEHL + ETWAS EXTRA ZUM VERARBEITEN
50 G MAISMEHL
½ TL ZIMT
1 TL WEINSTEIN-BACKPULVER
¼ TL SALZ
1 EI (ALTERNATIV APFELMUS, S. TIPP)
100 G KOKOSBLÜTENZUCKER
80 G APFELMUS
1 EL ZERLASSENES KOKOSÖL
½ TL ORANGENBLÜTENWASSER
ABRIEB VON ½ BIO-ORANGE
50 G HASELNUSSKERNE
50 G MANDELN
50 G GETROCKNETE FEIGEN, FEIN GEWÜRFELT
½ TL ANISSAMEN

**1.** Den Backofen auf 170 °C vorheizen. In einer Schüssel das Buchweizenmehl mit Maismehl, Zimt, Backpulver und Salz mischen. Das Ei in einer zweiten Schüssel mit dem Zucker hellcremig schlagen. Apfelmus, Kokosöl, Orangenblütenwasser und Orangenabrieb unterrühren. Die Mehlmischung zugeben und mit den Nüssen, den Mandeln, den Feigen und dem Anis zu einem Teig verarbeiten.

**2.** Auf einer leicht bemehlten Arbeitsfläche zu einem Laib formen und auf einem mit Backpapier belegten Blech ca. 30 Min. im Ofen backen. Herausnehmen und 15 Min. abkühlen lassen. Mit einem scharfen Messer schräg in 1,5 cm breite Scheiben schneiden. Die Scheiben auf dem Blech verteilen und 10 Min. backen. Wenden und in weiteren 10 Min. fertig backen.

**TIPP:** FÜR VEGANE CANTUCCINI ERSETZT MAN DAS EI DURCH WEITERE 20 G APFELMUS. DA DAS AUFSCHLAGEN DES EIES ENTFÄLLT, WERDEN DIE CANTUCCINI ETWAS KOMPAKTER, DESHALB EMPFIEHLT ES SICH, DIE BACKPULVERMENGE AUF 1½ TL ZU ERHÖHEN.

17

18

# Kokos-Limetten-Makronen

FÜR CA. 30 STÜCK

150 G KOKOSRASPEL + ETWAS EXTRA ZUM WENDEN
50 G GEMAHLENE MANDELN
30 G SESAMSAMEN
2 EIWEISS
1 PRISE SALZ
140 ML REISSIRUP
MARK VON 1 VANILLESCHOTE
ABRIEB UND 1 TL SAFT VON 1 BIO-LIMETTE

**1.** Alle Zutaten in einem Topf verrühren. Bei niedriger Temperatur und unter ständigem Rühren 2 Min. erhitzen. 30 Min. ruhen lassen.

**2.** Den Backofen auf 160 °C vorheizen. Mit einem Teelöffel kleine Häufchen aus der Masse abstechen und mit angefeuchteten Händen zu abgeflachten Kugeln (ø 3–4 cm) oder zu kleinen Bergen formen. In Kokosraspeln wenden und auf zwei mit Backpapier belegte Bleche setzen. Nacheinander für 10–12 Min. im Ofen backen, bis die Makronen gerade anfangen zu bräunen. Herausnehmen und auf einem Kuchengitter abkühlen lassen.

# Mandel-Spekulatius

FÜR CA. 35 STÜCK

150 G SPEISESTÄRKE
100 G DINKELVOLLKORNMEHL (ALTERNATIV 50 G TEFFMEHL UND 50 G REISVOLLKORNMEHL) + ETWAS EXTRA FÜR DIE MODELN
½ PCK. WEINSTEIN-BACKPULVER
50 G GEMAHLENE MANDELN
1½ EL SPEKULATIUSGEWÜRZ
1 PRISE SALZ
100 G WEICHE BUTTER
130 G KOKOSBLÜTENZUCKER
MARK VON 1 VANILLESCHOTE
1 EI
100 G MANDELBLÄTTCHEN

**1.** Speisestärke, Mehl, Backpulver, Mandeln, Spekulatiusgewürz und Salz in einer Schüssel mischen. In einer zweiten Schüssel die Butter mit dem Zucker cremig rühren, Vanille untermengen. Die Mehlmischung und das Ei zufügen und alles zu einem glatten Teig verkneten. In Frischhaltefolie gewickelt mind. 2 Std. kalt stellen.

Den Backofen auf 180 °C vorheizen. Zwei Backbleche mit Backpapier auslegen und mit Mandelblättchen bestreuen. Den Teig entweder in bemehlte Spekulatiusmodeln drücken oder zwischen zwei Lagen Frischhaltefolie hauchdünn (!) zu einem Rechteck ausrollen. Die obere Folie abziehen, mit der unteren Folie den Teig anheben und auf das mit Mandelblättchen bestreute Blech stürzen. In Rechtecke (ca. 3,5 × 6 cm) schneiden und mit genügend Abstand zueinander auf den Blechen verteilen. Im Backofen in ca. 8 Min. goldbraun backen. Herausnehmen und auf den Blechen vollständig abkühlen lassen.

**TIPP:** BEI DER VERWENDUNG VON MODELN SOLLTE MAN DIE PLÄTZCHEN VOR DEM BACKEN ÜBER NACHT TROCKNEN LASSEN, DAMIT DAS MUSTER IM OFEN NICHT VERLÄUFT. DIE BACKZEIT REDUZIERT SICH DADURCH EIN WENIG.

19

20

# Tigerkekse

FÜR CA. 24 STÜCK

- 100 G MAISSTÄRKE
- 150 G DINKELVOLLKORNMEHL
- 125 G GEMAHLENE ERDMANDELN, GESIEBT
- 1 TL WEINSTEIN-BACKPULVER
- 1 PRISE SALZ
- MARK VON 1 VANILLESCHOTE
- 150 G KOKOSBLÜTENZUCKER
- 1 TL GEMAHLENE KURKUMA
- ABRIEB VON 1 BIO-ORANGE
- 140 G ZERLASSENES KOKOSÖL
- 4 EL ROHES KAKAOPULVER
- 1 EL ERDMANDELMUS

**1.** In einer Schüssel Maisstärke, Dinkelmehl, Erdmandeln, Backpulver, Salz, Vanillemark und Zucker mischen. 1 EL abnehmen und mit Kurkuma und Orangenabrieb in einer zweiten Schüssel vermischen. Das Kokosöl zur Mehlmischung geben und alles zügig vermengen. Die Hälfte des Teiges in die zweite Schüssel geben und mit der Orangen-Kurkuma-Mischung verkneten. Den Rest mit Kakao und Erdmandelmus zu einem glatten Teig verarbeiten.

**2.** Die Teige jeweils zwischen zwei Lagen Frischhaltefolie zu 3–5 mm dicken Rechtecken (16 × 20 cm) ausrollen und zu je acht Streifen (4 × 10 cm) schneiden. Teigreste zur Seite legen. Die Teige abwechselnd übereinanderschichten. Die Teigstreifen dabei etwas lang ziehen, sodass sie reißen – das ergibt ein authentisches Tigermuster. Die Teigschichten stapeln, bis der Block ca. 4,5 cm hoch ist. Die Teigreste ausrollen und die obere Seite des Blocks damit bedecken. In Frischhaltefolie wickeln und für 1 Std. in den Gefrierschrank legen.

**3.** Den Backofen auf 160 °C vorheizen. Den Teigblock mit einem scharfen Messer in 1 cm dicke Scheiben schneiden und auf ein mit Backpapier belegtes Blech legen. In ca. 13 Min. goldgelb backen.

**TIPP:** ERDMANDELN WERDEN ÜBRIGENS AUCH TIGERNÜSSE GENANNT. WER SIE NICHT BEKOMMT, KANN FÜR DIESES REZEPT STATTDESSEN MANDELN UND MANDELMUS VERWENDEN.

# Scharfe Ingwer-Melasse-Jungs

FÜR CA. 35 STÜCK

150 G DINKELMEHL + ETWAS EXTRA
40 G KASTANIENMEHL
1 PRISE SALZ
¼ TL WEINSTEIN-BACKPULVER
1 TL INGWERPULVER
½ TL ZIMT
¼ TL GEMAHLENER KARDAMOM
25 G ZERLASSENES KOKOSÖL
40 G HONIG (ALTERNATIV AHORNSIRUP)
90 G ZUCKERROHRMELASSE
2 EL APFELMUS

**AUSSERDEM:**
CA. 4 EL PUDERZUCKER AUS ROHROHRZUCKER
CA. 1 TL ZITRONENSAFT

**1.** In einer Schüssel die Mehle mit dem Salz, dem Backpulver und den Gewürzen mischen. In einer Rührschüssel das Kokosöl mit dem Honig, der Zuckerrohrmelasse und dem Apfelmus verquirlen. Die Mehlmischung darübersieben und alles zu einem glatten Teig verkneten. In Frischhaltefolie wickeln und über Nacht im Kühlschrank ruhen lassen.

**2.** Den Backofen auf 175 °C vorheizen. Den Teig auf einer leicht bemehlten Arbeitsfläche ausrollen und Jungs ausstechen (oder natürlich jede andere Form, die man zur Hand hat), auf zwei mit Backpapier ausgelegte Bleche legen. Für Softies ca. 7 Min. im Ofen backen, für harte Jungs ca. 9 Min.

**3.** Nach Belieben einen Guss zum Verzieren herstellen. Dafür den Puderzucker in ein Schälchen geben und mit Zitronensaft glatt rühren, evtl. tropfenweise Wasser zufügen, bis die gewünschte Konsistenz erreicht ist. Die Masse in einen Spritzbeutel mit sehr kleiner Tülle füllen und die abgekühlten Plätzchen verzieren.

Frohe Weihnachten
Frohe Weihnachten
21

# Maroni-Bärentatzen

FÜR 18 STÜCK

80 G ZERLASSENES KOKOSÖL + ETWAS EXTRA FÜR DIE FORM
40 G KASTANIENMEHL
50 G GEMAHLENE MANDELN
1 EL ROHES KAKAOPULVER
½ TL WEINSTEIN-BACKPULVER
2 EIER
80 G KOKOSBLÜTENZUCKER (ALTERNATIV FEINER VOLLROHRZUCKER)
ABRIEB VON ½ BIO-ORANGE

**AUSSERDEM:**
ZARTBITTERSCHOKOLADE (AM BESTEN MIT KOKOSBLÜTENZUCKER GESÜSST) NACH BELIEBEN, GROB GEHACKT
MANDELSTIFTE

**1.** Den Backofen auf 170 °C vorheizen. Eine Madeleine-Form mit neun Mulden fetten (wer zwei Formen hat, fettet gleich beide).

Das Kastanienmehl mit Mandeln, Kakao und Backpulver mischen und beiseitestellen. Die Eier mit dem Zucker in eine Schüssel geben und schaumig schlagen. Kokosöl und Orangenabrieb einrühren. Die Kastanien-Mandel-Mischung zugeben und alles kurz mit dem Handmixer verrühren. Den Teig mithilfe eines Esslöffels in die Mulden der Form füllen. Im Ofen für ca. 14 Min. backen. Die Form herausnehmen und die Madeleines aus den Mulden lösen. Mit dem restlichen Teig ebenso verfahren.

**2.** Während das Gebäck abkühlt, die Schokolade schmelzen, in einen Spritzbeutel mit sehr kleiner Tülle füllen und die Ritzen der Madeleines damit füllen. Die Mandelstifte am breiten Ende der Madeleines auf die Schokolade setzen.

**TIPP:** EIN TEIL DER MANDELN ODER DIE GANZE MENGE KANN DURCH GERÖSTETE, GEMAHLENE HASELNÜSSE ERSETZT WERDEN.

22

23

# Weihnachtsriegel

**FÜR CA. 12 STÜCK**

- 125 G KERNIGE HAFERFLOCKEN (GGF. GLUTENFREI)
- 40 G GEMISCHTE KERNE (KÜRBIS-, SONNENBLUMEN-, PINIEN- ODER GROB GEHACKTE NUSSKERNE)
- 30 G MANDELBLÄTTCHEN
- 4 EL AMARANTH-POPS
- 2 EL CHIASAMEN
- 3 GETROCKNETE APRIKOSEN, FEIN GEHACKT
- 35 G GETROCKNETE CRANBERRYS ODER GOJI-BEEREN
- 1 EL KOKOSÖL
- 75 ML AHORNSIRUP
- MARK VON 1 VANILLESCHOTE
- 85 G MANDELMUS
- 1 TL ZIMT
- 1 PRISE SALZ

**1.** Den Backofen auf 165 °C vorheizen. In einer Schüssel die Haferflocken mit den Kernen, Mandelblättchen, Amaranth-Pops, Chiasamen, Aprikosen, Cranberrys oder Goji-Beeren mischen.

**2.** Das Kokosöl in einem Topf bei geringer Hitze zerlassen. Vom Herd nehmen, dann Ahornsirup, Vanille, Mandelmus, Zimt und Salz zufügen und zu einer homogenen Masse verrühren. Zur Haferflockenmischung geben und alles mit einem Kochlöffel gründlich vermengen. Eine kleine Backform (20 × 30 cm) mit Backpapier auslegen und die Masse einfüllen. Mit angefeuchteten Händen oder dem Rücken eines Esslöffels sehr fest in die Form drücken.

**3.** Im Ofen in ca. 15 Min. goldbraun backen. Vollständig auskühlen lassen und mit einem scharfen Messer in Riegel oder kleine Quadrate schneiden.

**TIPP:** DIE TROCKENEN ZUTATEN LASSEN SICH WUNDERBAR VARIIEREN, JE NACHDEM, WAS MAN IM VORRATSSCHRANK FINDET. KOKOSRASPEL KANN MAN GUT MIT FEIN GEHACKTER GETROCKNETER ANANAS KOMBINIEREN, UND NASCHKATZEN SCHMUGGELN EIN WENIG GEHACKTE SCHOKOLADE (AM BESTEN MIT KOKOSBLÜTENZUCKER GESÜSST) IN DIE RIEGEL.

# Honig-Pfeffernüsse

FÜR CA. 40 STÜCK

| | |
|---|---|
| 100 G BUTTER | ½ TL NATRON |
| 175 ML HONIG | 1 EL ZIMT |
| 120 G REISVOLLKORNMEHL | 1 TL INGWERPULVER |
| 85 G TAPIOKASTÄRKE | ½ TL FRISCH GEMAHLENER PFEFFER |
| 40 G KLEBREISMEHL | 1 MSP. GEMAHLENE NELKEN |
| ½ TL GUARKERNMEHL | 1 MSP. GEMAHLENER PIMENT |
| 40 G GEMAHLENE MANDELN | ABRIEB VON 1 BIO-ZITRONE |
| 1 TL WEINSTEIN-BACKPULVER | ABRIEB VON ½ BIO-ORANGE |

**1.** Die Butter mit dem Honig in einem Topf zerlassen und gut verrühren. Vom Herd nehmen und etwas abkühlen lassen. Alle weiteren Zutaten in einer Schüssel vermischen. Die Honigmasse zugießen und alles zu einem glatten, klebrigen Teig vermengen. Abgedeckt über Nacht in den Kühlschrank stellen.

**2.** Am nächsten Tag den Backofen auf 170 °C vorheizen. Mit einem Teelöffel etwas Teig abstechen und kleine Kugeln (ø ca. 2 cm) formen. Auf zwei mit Backpapier ausgelegte Bleche setzen und in ca. 13 Min. goldbraun backen.

**TIPP:** WER MAG, KANN AUS ROHROHR-PUDERZUCKER UND ETWAS PFLANZENMILCH ODER WASSER EINEN GUSS HERSTELLEN UND DIE NOCH WARMEN PFEFFERNÜSSE DAMIT BESTREICHEN. FÜR EINEN ROSA GUSS KANN MAN DEN PUDERZUCKER MIT CRANBERRY- ODER ROTE-BETE-SAFT GLATT RÜHREN. DIE GANZ GROSSEN NASCHKATZEN TAUCHEN ANSCHLIESSEND DEN BODEN DER PFEFFERNÜSSE IN GESCHMOLZENE SCHOKOLADE.

24

# Rezeptübersicht

**Glutenfrei**



**Laktosefrei**



**Vegan**

# Register

Besonderer Dank geht an Davert, die uns ihre Produkte
zur Verfügung gestellt haben.

5 4 3 2 1 20 19 18 17 16
978-3-88117-119-9

Fotografie: Frauke Antholz
Redaktion: Lisa Frischemeier
Covergestaltung, Illustrationen und Layout: Christiane Heim
Satz und Litho: typocepta, Köln


Hafenweg 30, 48155 Münster, Germany



www.hoelker-verlag.de